도시에서 비둘기로 산다는 것

저작권법에 의해 한국 내에서 보호를 받는 저작물이므로 무단 전재와 복제를 금합니다.

이 책에 언급된 모든 상표는 각 회사의 등록 상표입니다.
또한 인용된 사이트의 저작권은 해당 사이트에 있음을 밝힙니다.

ISBN 978-89-314-5307-2

독자님의 의견을 받습니다

이 책을 구입한 독자님은 영진닷컴의 가장 중요한 비평가이자 조언가입니다. 저희 책의 장점과 문제점이 무엇인지, 어떤 책이 출판되기를 바라는지, 책을 더욱 알차게 꾸밀 수 있는 아이디어가 있으면 이메일, 또는 우편으로 연락주시기 바랍니다. 의견을 주실 때에는 책 제목 및 독자님의 성함과 연락처(전화번호나 이메일)를 꼭 남겨 주시기 바랍니다. 독자님의 의견에 대해 바로 답변을 드리고, 또 독자님의 의견을 다음 책에 충분히 반영하도록 늘 노력하겠습니다.

이메일 : support@youngjin.com

주소 : (우)08591 서울특별시 금천구 가산디지털 1로 24 대륭테크노타운 13차 10층
(주)영진닷컴 기획1팀

STAFF
글·그림 임필영 | **총괄** 김태경 | **진행** 김연희 | **내지디자인** 최영민 | **표지디자인** 지화경 | **마케팅** 김다혜

CITY of PIGEON
도시에서 비둘기로 산다는 것

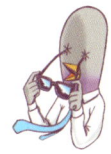

그리고 쓰다 · 임필영

Preface

 **임필영(duckhead)**

덕헤드는 대학 신입생 때 같은 과 친구가 지어 준 이름이다.
그 별명이 현재까지 이어져 지금도 나를 덕헤드 혹은 오리로 부른다.
별명의 영향인지 일러스트나 피규어 작업을 할 때 이솝우화처럼 동물을 의인화시키는 것을 좋아한다.

나에게 도시를 한 단어로 표현하라고 한다면 가장 먼저 떠오르는 단어는 '회색'이다.
디자인을 전공해서 그런지 몰라도 컬러감 있는 회색이란 단어가 바로 떠오른다.
'회색의 빌딩 숲'은 가장 함축적으로 도시를 형용한 문장이라고 생각한다.

지방에서 살다가 도시로 상경한 후 차갑지만 세련된, 밝지만 어두운 도시의 다양한 모습을 겪으면서 에피소드가 많이 생겨나게 되었고 도시에서 흔히 볼 수 있는 '회색 비둘기'와 '회색의 빌딩 숲'을 공통분모로 하여 '도시에서 비둘기로 산다는 것'이라는 타이틀을 만들게 되었다. 그리고 이 두 가지를 합쳐 그림을 그리고 글을 쓰게 되었고, 모든 것이 이 한 권의 책으로 나오게 되었다.

#잘생김 #윈칠함 #서글서글한_성격 #그러나_유부남
#사랑하는_아내야_고마워 #읽어_주신_분들_모두_감사합니다

Profile

이름_김비둘

 스펙_서울 끝자락에 있는 4년제 컴퓨터 공학과 졸업

취미_프라모델 만들기

 좋아하는 것_고양이, 나무, 꽃 등 말이 안 통하는 것
(말이 안 통하는 것 중 유일하게 박 부장만 싫음)

싫어하는 것_박 부장, 집주인 할머니, 정 대리 등
나보다 위에 있는 것들은 다 싫음

이성 관계_3년째 솔로, 연애 세포 소실 중
열심히 소개팅하고 있지만, 성과는 없음

 이성관_성별 여자

좌우명_포기하고 싶을 땐 그냥 포기하자!

Preface · 04
Profile · 05

다시 시작된 월요일 · 18
달달달 볶여야 제맛 · 19
잠깐의 일장춘몽 · 20
넓은 도시에 내가 머물 곳 · 21
회식인 듯 회식 아닌 회식 같은 날 · 22
이럴 거면 마라톤 선수나 될 걸 · 24
벚꽃을 즐기기엔 무언가가 부족해 · 25
커피의 신이시여 · 26
내 집 마련의 꿈 · 28
내가 그토록 기다리는 것 · 30
여기에 내가 잘 어울리는 걸까? · 32
여권을 펼치는 찰나의 즐거움 · 33
솔로 남자의 주말 스케줄 · 34
나의 첫 룸메이트 · 36

여름

여름휴가는 여름에 가는 거 아니에요? · 40
행성과 행성의 거리만큼이나 중요한 · 41
퍼가요~♡ · 42
휴가는 이런 맛이지 · 44
이모 여기 치킨이랑 맥주 500cc요! · 45
일주일 중 가장 황금기 · 46
여름과 싸우는 방법 · 47
간단하게 45개 숫자 중 6개만 맞으면 되잖아! · 48
퇴근 전 한마음 · 50
더 이상은 버틸 수 없다!!! · 51
직장인의 뫼비우스의 띠 · 52
더운 날에 지하철 · 54
데자뷔 · 55
도시 속의 오아시스 · 56

가을

개인의 취향 · 60
엄마가 그리울 때 · 62
책상 위에 블랙홀 · 64
내가 그만두고 싶은 이유 · 65
영수증이 필요해 · 66
나도 너 싫어요 · 68
바람직한 주말의 모습 · 69
전할 수 없는 그 말 · 70
정말 싫지 말입니다 · 72
지.켜.보.고.있.다. · 73
정도껏 부려 먹어라 · 74
내 책상을 치워 줘 · 75
가을은 남자의 계절 · 76
눈을 감았다가 뜨면 · 78
나도 저 땐 그랬지 · 79
눈물이 날 때 · 80
포커페이스 · 81
존중입니다. 취향해 주세요. · 82
금요일 퇴근 전 보고서는 나를 미치게 한다 · 83

겨울

나이 든다는 것 · 86
일요일 주말 저녁은 · 87
사무실의 바리스타 · 88
출근 전쟁 · 89
최종 꿈은 건물주 · 90
오늘 뭐 입지? · 91
불금에 제일 화끈한 것은 · 92
타요 타요 주말 출근행 버스에 타요 · 93
아픈 것도 서러운데 · 94
그것이 알고 싶다 · 95
달콤한 외근의 여유 · 96
유행어도 배워야 하나요? · 97
하고 싶은 게 이렇게나 많아 · 98
한 번 덕후는 영원한 덕후 · 99
정글에서 살아남는 법:마트 편 · 100
분리수거의 날 · 102
코끝으로 파고드는 냄새를 타고 · 104
만질 수 없는 것들 · 105
너와 나의 극적 타결 · 106
레옹이 필요할 때(feat. 마틸다) · 107

봄

올해의 계획 · 112
철창 없는 감옥, 그 이름 SNS · 113
종교의 힘은 위대하다 · 114
나는 아무 생각이 없다. 왜냐하면 아무 생각이 없기 때문이다. · 115
남자의 매력은 정수기 물통에서부터 시작된다 · 116
사랑은 돌아오는 거야 · 118
폭격의 달 · 119
비행기는 업무를 싣고 · 120
착각이 만드는 기분 좋은 행복 · 122
주중이라는 블랙홀 · 123
춘곤증을 물리치기엔 우리는 너무 나약하다 · 124
어서 오십쇼 후배님 · 125
어떤 줄이 탄탄한 줄이고 어느 줄이 썩은 줄인 걸까? · 126
세상에서 제일 저렴한 PC방 · 127
우리 모두의 아지트 · 128
지하철이 보여 주는 현대의 초상화 · 130

여름

I… I CAN'T SPEAK ENGLISH · 134
나도 끼워 줘 · 136
가운데 낀 사람도 괴롭습니다 · 137
지각이지만 할 말은 많습니다 · 138
게임에서, 직장에서 모두 필요한 · 140
출동! 오피스 23호 · 141
상상의 휴가 · 142
현실의 휴가 · 143
오늘은 널 낚고 말 거야 · 144
빠져나갈 땐 한꺼번에 · 145
8,000km에서 느껴지는 사무실의 향기 · 146
누구보다 빠르게 컴퓨터 종료 버튼 클릭 · 148
콘서트장의 열기를 느낄 수 있는 그곳 · 149
어른이 된 것 같은 기분이 들 때 · 150
누군가와 얘기하고 싶을 때 · 152
승부욕은 욕을 부른다 · 154
한 송이의 키덜트로 남고 싶지만 · 156

가을

가을은 은행의 계절 · 160
좋아하는 것에는 끝이 있기 마련이다 · 161
삼디다스와 모나미 · 162
중년 남성의 체력은 주말 근무를 만든다 · 164
주말은 역시나 · 165
일촉즉발! 지각은 착각을 부르고 · 166
퇴근을 기다리는 우리들의 자세 · 167
적절한 때를 알기란 쉬운 게 아니다 · 168
잘못한 이유라도 알려 줘 · 169
편의점의 일인자 · 170
항상 배고픈 그대여 · 171
자취남의 삼시세끼 · 172
나를 살찌게 하는 것 · 173
미팅은 미팅인데 · 174
아침부터 샤워 2번 · 175
벗어날 수 없는 박 부장의 늪 · 176
피로는 우르르 · 177
추석 연휴의 추억 · 178

겨울

겨울휴가는 왜 없을까? · 182
Ctrl+C, Ctrl+V · 183
눈처럼 하얗게 · 184
도를 아십니까 · 185
지하철 패딩 부대 · 186
도시를 질주하는 드림워커 · 187
음식도 스펙이 중요해 · 188
깨어 있어도 잠을 자도 · 190
사직서를 내는 세 가지 방법 · 191
외로움의 순환고리 · 192
더 큰 성장을 하기 위한 최선의 결론 · 193
재취업의 길은 멀고도 험한 것 · 194
3번째 나 홀로 크리스마스 · 196
안 올 것 같았던 봄도 때가 되면 온다 · 197
도시에서 비둘기로 산다는 것 · 198

신입사원 김비둘의 회사 생활 일지

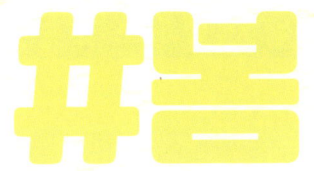

남중, 남고, 공대, 군대를 거쳐 졸업과 동시에 남자가 득실거리는
남탕 같은 회사에 취업했다.
동창회에 가면 아직 취업하지 못한 동기들의 부러움과 질투를 한 몸에 받지만
나는 그렇게 유쾌하지만은 않다.
토익 900점, 자격증 5개, 어학연수 1년의 스펙도 모두 기본인
취업하기 힘든 시대에 전공과 무색하게 취업해 사무직으로 일하면서
정말 내가 하고 싶은 것이 무엇인지, 적성에 맞는지 생각할 겨를이 없다.

그냥, 취업만으로 감사해야 하는 걸까?

첫 직장이라는 새로운 봄을 맞이하고 있지만
봄에 깨어나는 개구리처럼 계절의 변화에 적응해야 하지만
난 여전히 모든 것이 어색하고 두렵다.

신입사원 김비둘,
나 정말 잘할 수 있을까?

다시 시작된 월요일

레이저 빔 발사! "지이이잉, 펑, 쿠르르르릉"

월요일 격파!!
회사고 뭐고 다 때려 부수고 싶다.

♥ 💬 ↗ ⋯

#더_쉬고_싶었는데_오늘이_월요일이래 #달력에서_월요일_삭제하고_싶다 #카페인_수혈
#내_어릴_적_소원은_슈퍼히어로 #우리나라_직장인들이_바로_슈퍼히어로

MON TUE WED THU FRI SAT SUN

달달달 볶여야 제맛

화요일은 역시 달달 볶여야 제맛.
한 주가 시작된 지 얼마 되지 않은 불같은 화요일,
기다리는 주말은 참 멀기만 하다.

'그냥 화火가 난다. 화가 나!!'

#오늘의_요리사_박_부장 #네_기분_나쁘다고_왜_날_혼내는_건지 #저도_사람입니다 #감정이_있어요

잠깐의 일장춘몽

점심을 먹고 난 오후,
나른한 봄 향기에 취해 잠시 엎드려 있다가
큰 수영장에서 플라밍고 튜브를 타고 물놀이하는 꿈을 꾸었다.

'아, 아니 반대로 나 지금 사무실에서 낮잠 자는 꿈을 꾸는 거 아니야?'

#토템 #인셉션 #꿈_속의_꿈 #꿈이라면_이대로_깨지_말아요 #잠깐이지만_행복했다

MON　TUE　WED　**THU**　FRI　SAT　SUN

넓은 도시에 내가 머물 곳

도시는 넓고 집들은 이렇게나 많은데
내 집은 어디에 있는 걸까?

♡ 💬 ↗ ⋯

#쥐꼬리 #코딱지 #모아도_그_돈이_그_돈 #대출은_기본_옵션 #60살에_내_집_마련_예정

21

회식인 듯 회식 아닌 회식 같은 날

오늘은 기다리고 기다리던 불타는 금요일 밤.
'이번 주 내내 나를 괴롭히던 박 부장 놈을 질겅질겅 안주로 씹으면서 거나하게 취해나 볼까?'

그러나 그 순간,
익숙한 느낌의 손이 어깨 위에 올려지는데

"김비둘 씨, 여기서 뭐 해? 어머, 정 대리도 있었네! 나도 같이 마셔도 될까?"

'부장님, 이건 아니지 않아요?'

 그렇게 불타는 금요일이 회식이라는 이름으로 변질되고….

#불청객 #업무의_연장선 #네가_제일_맛깔나는_안준데_왜_여기_있어요
#재수도_없는데_눈치도_더럽게_없다 #금요일_난데없이_갑자기_이렇게_회식이_시작되었다

이럴 거면 마라톤 선수나 될 걸

토요일에 출근이라니!
주말 도심 속 마라톤 대회라니!!
심지어 1위 그룹과 함께 뛰고 있다니!!!

이럴 줄 알았으면 마라톤 선수나 될 걸 그랬다.

♡ ◯ ↗ ･･･

#마라톤_꿈나무 #토요일_아침에는_마라톤이지 #일등할_기세 #달리는_자의_여유가_부럽다
#현실은_마라톤_회의 #정시_출근_정시_퇴근_예정

벚꽃을 즐기기엔 무언가가 부족해

여기도 쌍쌍.
저기도 쌍쌍.
여기저기 쌍쌍.

나도 벚꽃놀이가 아니라 여의도 커플 놀이가 하고 싶단 말이야!

#여의도 #쌍쌍바 #난_누구 #여긴_어디 #남중_남고_공대_군대 #솔로의_정석_코스
#온_세상이_온통_핑크 #솔로는_웁니다 #그래도_벚꽃은_예쁘네

커피의 신이시여

정신없이 일하다가 잠깐 방심하면
쌓이는 업무 스트레스만큼
책상 위에 컵들도 쌓인다.
그렇게 모은 컵이 일곱 개가 되면
소원을 빌 수 있으니,

"오늘은 야근하지 않게 해 주세요."

 "커피의 신이시여."

#드래곤볼 #별이_7개 #별다방 #콩다방 #탐탐 #천사다방 #여기_샷_추가_사이즈_업_해_주세요
#내_몸에_흐르는_건_피가_아닌 #아메리카노 #직장인의_힘

내 집 마련의 꿈

내가 초등학교 2학년 때 즈음
아버지의 한 달 월급은 약 100만 원이었다.
그때는 16평짜리 주공아파트를 2천만 원에 입주할 수 있었다.

근데 30년이 지난 그 16평짜리 아파트는 현재 2억6천이란다.

10배 이상 올랐네?

50만 원씩 저금해서 3년이면 살 수 있었던 집이
200만 원씩 10년 넘게 모아야 한다는 말이다.

 시대의 흐름에 따라 물가가 오르는 것은 당연하지만
집값은 우주만큼 치솟고 청춘의 대출금은 늘어만 가는 요즘,
내가 들어갈 수 있는 자그마한 집을 대출 없이 산다는 것은 꿈같은 일인 걸까?

♡ ◯ ↗ ⋯

#아직_학자금도_못_갚았는데 #월세는_숨_가쁘고_전세는_벅차다 #요즘엔_전세가_더_비싸
#못_입고_못_먹고_못_쓰고_모아도 #티끌은_모아_봤자_티끌

내가 그토록 기다리는 것

한국인의 가장 행복한 순간.
직장인의 가장 행복한 순간.

어제 주문한 택배가 오늘 도착했을 때.
혹은 배송되고 있다는 문자를 받았을 때.
하지만 희극이 비극으로 바뀌는 순간은 꼭 있다.
바로 옆 부서 동명의 다른 비둘 씨에게 가야 하는 택배가 나에게 왔을 때.

'아니 그럼 내가 주문한 한정판 프라모델은 다른 비둘 씨에게 간 거잖아!'

택배 상자를 개봉하는 그 즐거움을 돌려줘

#벌써_이_달만_두_번째 #옆_부서_김비둘_씨는_34세_미혼_여성 #내가_받은_택배_상자에는_여성용_속옷_세트
#스트레스는_택배_상자로_푼다 #상자도_풀고_스트레스도_풀고 #일석이조

여기에 내가 잘 어울리는 걸까?

컵라면은 PC방.
짜장면은 당구장.

그 공간에 어울리는 음식이 있는 것처럼
지금 이 회사에 내가 잘 어울리는 걸까?

#아직도_회사에_적응하기_힘들다 #잘하고_있는_걸까 #이리저리_눈치코치

MON   TUE   WED   THU   FRI   SAT   SUN

여권을 펼치는 찰나의 즐거움

금요일만 되면
인터넷으로 최저가 항공권을 검색하는 김비둘 씨.
어차피 떠나지 못하지만
결제 전 찰나의 위로가 필요해.

#여행은_마음의_양식 #그래서_항상_배고파 #비행기_표만_매일_검색_중 #결심만_1년째
#마우스로_결제_버튼_누르기가_이렇게_힘이_들_줄이야

솔로 남자의 주말 스케줄

솔로인 김비둘 씨의 주말 스케줄은 역시나 소개팅.
오늘은 옆 팀 최 대리가 주선한 소개팅에 나오게 되었다.
"얼굴도 예쁘고 성격도 착해! 이번엔 잘해봐."

잔뜩 기대를 품고 나온 소개팅에서 만나자마자 꺼낸 소개팅녀의 한마디.

"죄송한데 제가 어제 회식이 있어서 술을 많이 마셨거든요. 해장하러 가도 될까요?"

겨우겨우 찾아서 들어간 해장국집에서 이 여자…
뼈다귀 해장국을 10장째 찍고 있다.
그러고서는 물 마시듯 해장국 한 그릇을 거뜬히 해치우더니
속이 더 안 좋아졌다면서 집으로 간단다.
제대로 대화도 못 해봤는데.

아쉬운 마음, 돌아오는 지하철에서 소개팅녀의 SNS에 들어가 보니

'오늘 하루 너무 힘들다.'
'소개팅에 해장국이 웬 말인가요?'

아, 정말! 기억 안 나니? 해장국집은 네가 가자고 했잖아!

♡ 💬 ↗ ⋯

#해장국녀 #SNS_중독 #로버트_할리_같은_여자 #한_뚝배기_하실래예
#차라리_싫다고_말해라 #이번_소개팅도_망함 #내_짝은_어디에_있을까 #지구에는_있을까

나의 첫 룸메이트

회사에 다니기 시작하면서
혼자 살아갈 작은 방을 얻은 후 제일 먼저 하고 싶었던 일은
초록색 페인트가 칠해진 옥상에서 뛰어놀 수 있는
키티를 닮은 고양이나 스누피를 닮은 강아지를 키우는 것이었다.

그러나 보증금 500만 원에 월 30만 원인
깐깐한 주인 할머니의 월세방 계약서에 적힌 두 단어.
'애완동물 금지.'

결국, 집 근처 꽃집에 들러 알로카시아를 사와 키우기 시작했다.
일요일 낮, 일주일에 한 번씩 물을 주어도 벌써 내 앉은키만 하게 자란
알로카시아는 최대 1.8m까지 자랄 수 있다고 한다.

그렇게 도시에 나의 첫 번째 집과 첫 룸메이트가 생겼다.

#반려식물 #말동무 #물만_주면_쑥쑥_자라 #네가_나보다_더_크겠다 #외로운_도시에_너와_나_둘뿐

아무것도 안 들고 준비 안 된 상태로
혼자 텐트만 딸랑 메고 캠핑을 나온 날.

'밥은 어떻게 해 먹을까?'
'불은 어떻게 피울까?'
'밤에는 어떤 야생 동물이 튀어나올까?'

긴장과 걱정의 연속이지만 아무것도 할 수 없는 그런 날.

'뭐부터 시작해야 할까?'
'앞으로 어떤 일을 배우게 될까?'
'혼자 잘할 수 있을까?'

아마, 입사 첫날이 이런 기분 아닐까?

여름휴가는 여름에 가는 거 아니에요?

"박 부장님, 저 요번 여름휴가 7월 중순쯤에 써도 될까요?"
"뭐? 프로젝트 끝나려면 아직 2달이나 남은 거 몰라? 생각이 있어 없어?"

그래 어차피 7월엔 비행기 표도 없었잖아. 9월에 휴가 가면 어때.
근데 왜 자꾸… 눈물이 나지…?

#스트리트파이터 #곧휴가철이야 #휴가를_휴가라_부르지_못하고(Feat._홍길동)
#휴가계에는_여름휴가라고_적었지만_떠나는_날짜는_가을

행성과 행성의 거리만큼이나 중요한

직장이라는 작은 소우주.
행성과 행성의 거리가 제일 중요하다.

#태양_같은_사장_놈 #사장계 #수금지화목토천해명 #실제_거리 #심리적_거리 #모두_가까이_오지_말아_주세요

퍼가요~♡

"줬다가 뺏는 게 어디 있어요!"

가장 존경하지만 가장 가혹한 그분.
월말마다 어김없이 찾아오는 그분.

'퍼가요~♡'
공과금.
월세.
카드요금 by_OO 카드.

세종대왕님, 그저 제 옆에 가만히 있어 주면 안 되나요?

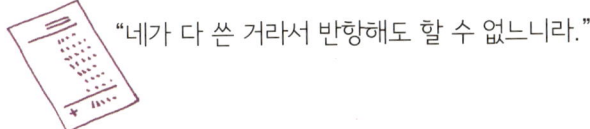
"네가 다 쓴 거라서 반항해도 할 수 없느니라."

#월말은_거지 #스치듯_안녕 #돈_쓴_기억이_없어 #근데_매달_적자 #미스터리

휴가는 이런 맛이지

내리쬐는 태양, 뻘뻘 흘린 땀, 마셔도 마셔도 갈증이 사그라지지 않는 여름에 냉장고에서 갓 꺼낸 사이다를 마시는 기분이 바로 휴가 가는 기분 아닐까?

#사이다 #폭발할_것_같은_에너지 #짜릿짜릿_몸이_떨려 #여름휴가_어디로_가시나요?
#봄휴가 #여름휴가 #가을휴가 #겨울휴가 #사철_내내_휴가가_있었으면_좋겠다

이모 여기 치킨이랑 맥주 500CC요!

더운 여름밤, 미적지근한 바람이 부는 테라스에 앉아
바삭한 치킨을 한입 뜯고 시원한 생맥주를 벌컥벌컥 들이켜면

세상에, 이 맛에 사는가 싶기도 해.

#치느님 #단언컨대_치킨과_맥주는_가장_완벽한_음식 #천상의_맛 #그러나_뱃살의_주범

MON   TUE   WED   THU   FRI   **SAT**   SUN

일주일 중 가장 황금기

월화수목금 **토** 일

♡ ◯ ↗ ...

#난_오늘만_산다 #달려_달려_막_달려 #친한_친구와_회사_욕하면서_마시는_술은_보약
#다음_날의_숙취는_모른_척

MON　　TUE　　WED　　THU　　FRI　　SAT　　SUN

여름과 싸우는 방법

아무것도 하지 않고 있지만
더욱 격렬하게 아무것도 하지 말아야 한다.

♡ 💬 ↗ ⋯

#여름에_옥탑방은_아프리카 #입에서_용암_분출 #땀이_폭포수 #옥탑방_여름엔_쪄_죽고_겨울엔_얼어_죽고

간단하게 45개 숫자 중
6개만 맞으면 되잖아!

2, 8, 17, 23, 25, 36 + 보너스 번호 38.

'그래, 드디어 이번엔 내 차례다!'

'로또만 당첨되면 이놈의 회사 때려치우고 만다. 당첨금으로 그 전부터 꿈꿔 왔던 건물주가 되어 보겠어! 아, 그전에 세계 여행이나 다녀올까?'

월요일 오전에 산 복권은 한 주 내내 즐거운 상상으로 이어지지만
항상 그 주인공은 내가 아닌 타인.

아니, 간단하게 45개 숫자 중 6개만 맞으면 되는 데 뭐가 이렇게 어려워?

#기부천사 #일주일에_5천_원씩_투자 #복권_산_돈_모았으면_몇_백은_될_듯 #그래도_계속_사게_돼
#지금은_5천_원도_당첨되기_힘들지만_언젠간_내_차례가_오지_않을까

퇴근 전 한마음

오후 6시.
우리의 마음가짐.

#이럴_땐_모두_같은_마음 #내_신경은_온통_너였어 #박_부장이_부른다_저녁_먹자고 #야근_확정
#저녁_메뉴는_박_부장이_좋아하는_순두부찌개

더 이상은 버틸 수 없다!!!

야근 28시간 후.

♡ 💬 ↗ ⋯

#야근좀비 #새벽의_저주 #절대_벗어날_수_없는_그곳 #워킹데드 #우리에겐_Working_Dead #백신 #핫식스 #레드불 #몬스터_에너지

MON　　TUE　　WED　　**THU**　　FRI　　SAT　　SUN

직장인의 뫼비우스의 띠

"김비둘 씨, 도대체 보고서는 언제 마무리되는 거야? 빨리 좀 가지고 와!"

어제 저녁때 시켜 놓고선.

"거의 정리 다했어요. 곧 갖다 드릴게요."

하… 이제 한숨 돌리겠네. 커피 한 잔 마셔야겠다.
.
.
.

"김비둘 씨, 오늘 저녁때 뭐해? 당장 급하게 정리해야 할 자료가 있는데…."

'지금 퇴근 시간 다 돼 가는 데요?' 마음속에 울리는 그 말을 뒤로 한 채,

"주세요. 언제까지 드리면 될까요?"

직장인의 삶이란 이렇게 돌고 돌고 도는 반복의 연속.

#지겹도록_변하지_않는_박_부장 #일_시켜_놓고_왜_야근하냐고_묻지나_말던가

MON　　TUE　　WED　　THU　　FRI　　SAT　　SUN

더운 날에 지하철

참을 수 없을 만큼 더운 날.
올해 여름은 정말 찜통 같이 더워서
겨드랑이에 홍수가 날 것 같다.
이런 날에는 바다로 떠나고 싶다. 꺅!!!

#지하철_출근길 #지하철_온도는_36.5도 #살_닿지마 #에어컨_빵빵하게_틀어_주세요_제발

MON　TUE　WED　THU　FRI　**SAT**　SUN

데자뷔

바다는 아니지만
여기는 워터파크.
꺅! 시원해!

근데 사람 많고 꽉 끼는 이 느낌, 어디서 느껴 본 거 같은데…?

#시민_수영장 #물_반_사람_반 #그래도_행복합니다 #물놀이_후_먹는_간식은_꿀맛

도시 속의 오아시스

싱그러운 일요일 아침.
말동무로 키우기 시작한 알로카시아부터
여름 끝에 따 먹을 무화과나무,
제주도에서 고이고이 가지고 온 감귤나무까지
하나둘 키우던 화분이 어느덧
옥상 정원이라고 불릴 만큼 다양하고 울창해졌다.

일요일 오전 내내 이 친구들과 씨름을 해야 하지만
나만의 자그마한 휴식처를 갖고 싶었던 꿈이
차츰 이루어지는 것 같아 행복하다.

 비록 흙이 깔린 마당은 아니지만, 이 작은 정원은
갑갑하고 메마른 도시 생활에 오아시스가 되어 줄 것이다.

#나만의_정원 #피톤치드 #풀_냄새로_지친_마음을_달래요

#가을

오르지 않는 월급과는 다르게
끝없이 올라가는 물가.

치솟는 물가에 입은 떡 벌어지고
한숨만 나오지만
그래도 어쩌겠어.

하루하루 열심히 살아야지 뭐.

개인의 취향

월요일 점심시간 후
오후 2시의 사무실은 식후 몰아치는
잠이라는 공공의 적을 물리치기 위해
각자의 취향으로 커피를 (혹은 차를) 한 잔씩 한다.
모두가 다른 각양각색의 전용 잔으로 말이다.

한참 멋을 부릴 나이인 사회 초년생 맹소현 씨는 의류 브랜드 오픈 기념 머그잔,
합리적인 소비 생활을 외치는 2년 차 직장인 최일환 씨는
다이소에서 구입한 2천 원짜리 머그잔,
솔로 6년 차 이 대리는 일회용 종이컵,
이제 막 커피에 눈을 뜬 김비둘 씨는 커피 전문점에서 큰맘 먹고 산 아메리카노 컵,
마지막으로 취향이 은근히 깐깐한 박 부장은 도트무늬가 화려한 라떼 컵이다.

#각자의_취향 #사무실_카페 #음_스멜 #별다방_안_부럽다 #커피_마시고_양치_필수

엄마가 그리울 때

하루 종일 외근을 나갔다가 늦은 오후 회사로 복귀한 김비둘 씨.
밀려 있는 업무 때문에 저녁 먹을 시간도 없이 일하다가
잠깐 짬을 내어 옥상에서 우유 한 팩을 마신다.

'온종일 밥도 못 먹고 왜 일만 하고 있을까?'

꼭 이럴 때면 학창 시절 엄마가 만들어 준 아침밥이 생각난다.
일주일에 한 번, 엄마한테 안부 전화를 걸면 꼭 하시는 말씀은

"저녁은 먹었냐?"이다.

그럼 "엄마는 오늘 뭐 먹었어?"하고 물어보면

항상 먹고 싶었던 엄마 반찬이 술술 나오기 마련이다.

#엄마_보고_싶다 #엄마_밥_먹고_싶다 #엄마가_차려_준_밥_먹을_때가_행복했지 #인스턴트 #배달_음식
#그만_먹고_싶다

MON   TUE      THU   FRI   SAT   SUN

책상 위에 블랙홀

또 어디로 간 거야?
옆에 있다가도 필요할 때 사라지는
볼펜, 포스트잇, 스테이플러, 클립, 스카치테이프….

책상 어딘가에 블랙홀이 있는 게 분명해.

#숨바꼭질 #발이_달렸나 #그_많은_클립_다_어디로_갔는지_너무_궁금하다

내가 그만두고 싶은 이유

직장 생활은 일이 힘든 것보다
사람 때문에 힘든 것이 90%.

#만병의_원인_직장_상사 #존재만으로도_그냥_싫음 #그의_외근은_나를_기쁘게_한다
#그의_연차는_나의_출근길을_가뿐하게_한다 #그의_휴가는_진정으로_나를_살아_있게_만든다

영수증이 필요해

'이건 월초에 썼던 미팅 영수증.'
'저건 지난번 외근 때 썼던 영수증.'
'19,800원? 아, 이건 이번 주 야근 식대에 썼던 영수증.'
.
.
.

매월 한 번씩 있는, 큰일은 아니지만 적지 않은 스트레스를 안겨 주는 경비 정산.
그동안 지출했던 영수증을 정리하다 보면 꼭 한두 개씩 없거나
어디에 사용했는지 기억이 잘 안 나기 마련이다.

#영수증아_어디에_있니 #네가_잃어버린_영수증을_왜_내가_찾아야_하는_거니
#지갑에_쌓인_수많은_영수증_중_내가_찾는_영수증이_하나는_있겠지 #없으면_못_받아요

MON　TUE　WED　THU　FRI　**SAT**　SUN

나도 너 싫어요

동물은 자기를 좋아하는 사람과 싫어하는 사람을 안다.
하물며 사람 또한 자기를 좋아하는 사람과 싫어하는 사람을 모를 리가 있을까?

#직장_상사의_특징 #팀원들이_자기를_좋아한다고_생각한다 #자기가_일을_되게_잘하는_줄_안다
#엄청_효율적으로_일한다고_생각한다 #현실은_그_반대

MON　TUE　WED　THU　FRI　SAT　SUN

바람직한 주말의 모습

하루 종일 방바닥을 뒹굴면서
과자 한 봉지에 만화책을 잔뜩 빌려서 읽고 있는
그런 주말.

#직장인_탐구생활 #드래곤볼 #슬램덩크 #방콕 #애미야_바닥이_좀_차다
#배달_음식_시켜서_먹다가_지치면_배_위에_노트북을_얹고_영화_감상 #행복은_멀리_있지_않아요

전할 수 없는 그 말

"아, 그러니까 제가 지난번에 말씀드렸는데."
(내가 몇 번이나 말해 줬잖아요.)

"네? 제가 말씀 안 드렸다고요?"
(뭔 헛소리예요. 저번 주 목요일, 금요일 두 번이나 말해 줬는데.)

"하하, 그럼 다시 말해 드릴게요. 이번에는 메일로도 보내 드릴게요."
(메일로도 보낼 테니 딴소리하지 마시고요.)

"네네, 다른 자료가 필요하시면 언제든지 연락해 주세요. 네, 수고하세요."
(오후 6시 넘어서 전화하면 가만 안 둡니다. 그럼 ㅅㄱ.)

전화로 아무리 많은 대화를 해도
정말 전달하고 싶은 말을 전하지 못하는 때가 있다.

#전하고_싶은_그_말 #하지만_삼켜야_하는_그_말 #단기기억상실증 #갑을병정 #갑의_횡포 #을은_웁니다
#전화선 #감정선 #이럴_땐_통화_내용_녹음하고_싶다

정말 싫지 말입니다

남중 - 남고 - 공대 - 군대라는
남자 냄새 풀풀 나는 고추 밭에서 해방되는 날이라고 믿었던 직장 생활은
정녕 꿈이었단 말입니까?

#남자_초등학교가_없다는_것에_감사하라 #회사에서_홀아비_냄새_나 #형광등을_켰는데도_칙칙한_느낌

MON　　TUE　　**WED**🍺　　THU　　FRI　　SAT　　SUN

지.켜.보.고.있.다.

내가 하는 거 신경 쓰지 말고
네 업무나 좀 잘해라.

#CCTV #너나_잘_하세요 #그의_눈초리가_느껴질_때 #누구보다_재빠르게 #손목의_스냅으로 #Alt+Tab

정도껏 부려 먹어라

내일은 회사 창립 기념일이지만
아마도 출근 확정.

"사장 정말 개새끼."

진짜 그렇잖아!!

#개인지 #개_같은_건지 #주말_출근도_밥_먹듯이_하는데_창립_기념일쯤이야 #흐른다 #눈물

MON　　TUE　　WED　　THU　　**FRI**　　SAT　　SUN

내 책상을 치워 줘

치워도 치워도 항상 지저분한 책상.
책상을 정리해 주는 난쟁이들이 있다면
작은 책상에서 뭐 하나 잃어버릴 일도 없을 텐데.

#책상_요정 #분명_물건들을_제자리에_뒀을_뿐인데_책상은_지저분해져_있다 #미스터리

가을은 남자의 계절

길을 걷는 사람도, 카페에 앉아 있는 사람도 홀로인
솔로 남자들이 넘쳐 나는 바바리의 계절, 가을이 왔다.
패션에 관심이 많은 김비둘 씨 또한 바바리를 입고 여유롭게 거리를 걷는다.

'깃을 세우고 옷을 단단히 여미는 게 더 멋있어 보이지 않을까?'

이렇듯 가을의 남자들은 저마다 자기 키만큼 깃을 세우고
꽉 여민 바바리를 입고 거리를 걷는다.

때론 외로움을 흩뿌리기도 하고 각자 가지고 있는 고뇌를 씹으며
멋있게 가을 거리를 배회하곤 하지만 정차 없이 걷다가 여고 앞을 지나가는 순간이면
가을 남자의 쓸쓸함은 급격히 반감되고 그저 바바리를 언제 오픈할지 모르는,
변태로 몰리는 불상사가 생기기도 한다.

특히 혼자 걷고 있다면 더욱더.

#여고괴담 #노출증 #바바리맨 #입고_있는_바바리의_아래_부분이_허전하다면_당신은_바바리맨
#가을에는_마음만_오픈하세요

MON   TUE   WED   THU   FRI   SAT   SUN

눈을 감았다가 뜨면

이대로 감은 눈을 뜨면
다시 금요일로 돌아갔으면 좋겠다.

♡ ◯ ↱ ⋯

#타임머신 #타임워프 #아무것도_안_했는데_이상하게_시간이_빨리_가

나도 저 땐 그랬지

좋~을 때다.
나도 저 나이 때는
뛰어도 숨 안 차고 그랬어.

#돌도_씹어_먹을_나이 #입사한_이후부터_나이를_배로_먹는_기분

MON **TUE** WED THU FRI SAT SUN

눈물이 날 때

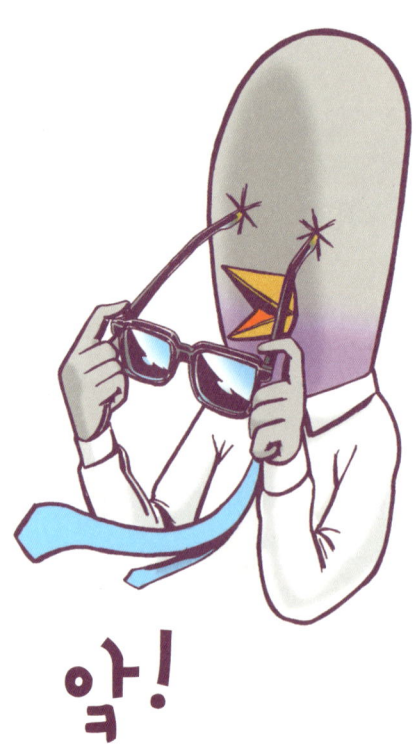

♡ ♀ ↗ ⋯

#빼앗긴_보고서 #작성자_김비둘 #발표자_박_부장 #만든_건_난데_칭찬은_왜_네가_받니
#삶이_그대를_속일지라도 #남몰래_화장실에서_흘리던_눈물
#안경_때문에_우는_거예요 #신경_쓰지_마세요

포커페이스

네가 무슨 지랄을 해도
나는 그저 웃지요.

#마냥_웃지요 #스마일 #직장인_필수_아이템 #스마일_가면 #짖으면_단_줄_알아 #못_참겠다_싶으면 #여름휴가_생각하기

존중입니다. 취향해 주세요.

핑크 핑크한 고양이 책상에서 능률적인 업무를 할 수 있다면
잘 이해되지 않더라도 존중해 줘야지.

#오지랖 #내가_무엇을_하든_무엇을_먹든_무엇을_사든 #제발_관심_좀_꺼

MON　　TUE　　WED　　THU　　**FRI**　　SAT　　SUN

금요일 퇴근 전 보고서는 나를 미치게 한다

"김비둘 씨, 어제 준 보고서 말이야. 몇 개 수정할 게 있어서."

이럴 거면 아까 얘기하던가.
꼭 이렇게 퇴근 전에.
생각이 없는 거야, 아니면 그냥 내가 싫은 거야?

#매번_이런_식 #어디서_배워_오는_걸까 #사람_괴롭히는_방법도_가지가지 #업무는_퇴근_5분_전부터
#야근_열차_탑승 #왜_때문이죠 #친구야_미안해 #다음에_만나

벌써 입사한 지도 1년이 다 되어 가네.
시간 참 빠르다.

어느샌가 시간은 따뜻했던 봄을 지나
칼바람이 부는 겨울로 나를 데려가 주었다.

'잘 버틸 수 있을까'라는 생각이
하루에도 열두 번씩 스치는 이 공간에서
나는 앞으로 얼마나 더 참아 낼 수 있을까?

빠르게 지나간 1년의 세월처럼
앞으로의 시간들을 내가 잘 버틸 수 있을까?

나이 든다는 것

사람은 나이가 많다고 신기할 것이 없지만
사물은 나이가 많을수록 진기하게 느껴진다.
오래된 골목의 30년 넘은 집들을 볼 때면
그 오래된 편안함과 한결같은 모습을 닮고 싶어
나이가 빨리 들었으면 좋겠다고 생각할 때가 있다.

#차가운_겨울바람에_우울해지는_마음 #그래서_한번_진지해져_봤어 #감성팔이

MON　　TUE　　WED　　THU　　FRI　　SAT　　**SUN**

일요일 주말 저녁은

일요일 밤에는
재미있는 개그 프로그램을 보아도
치킨을 먹어도
눈물이 멈추지 않아.
내일이 월요일이니깐.

#시간아_멈춰라 #내가_웃는_게_웃는_게_아니야 #쉰_것_같지도_않은데_내일이_월요일이라니

사무실의 바리스타

사회 초년생 김비둘 씨.
취향이 다른 선배들 덕분에 모카치노, 라떼, 마끼아또를 두루 섭렵한 다음에는
여러 잔을 한 번에 옮길 수 있는 새로운 필살기를 익힐 수 있게 되었다.

커피 타는 능력만큼이나 업무 능력이 향상되면 얼마나 좋을까?

#사무실_바리스타 #막내 #설탕_둘_프림_둘 #커피는_믹스커피 #커피는_니가_좀_타_먹어라

출근 전쟁

'여기는 그야말로 아비규환의 현장.'
이 전쟁의 승자는 누가 될 것인가?
승리의 여신은 김비둘 씨에게 손을 들어 주었다.

"김비둘 씨! 전쟁에서 승리한 비결이 무엇인가요?"
"전 그저 지하철 역 끝에 사는 것뿐인데…."

#4호선_끝은_오이도와_당고개 #2호선은_순환선
#호흡곤란 #9호선_숨_막혀 #밀면_계속_들어가는_게_신기하다

최종 꿈은 건물주

갚아야 할 학자금 대출도 많고 현재 내 집도 없지만
조금씩 모은 돈으로 작은 가게를 가지는 꿈을 꾸는 평범한 직장인 김비둘 씨.
퇴근 후 비록 모형이지만 조그만 가게를 직접 만들어 본다.
그 꿈에 한 걸음 다가가기 위해 하루하루 열심히 일하면
몇십 년 후에는 정말 내 가게가 생기겠지?

#모형이_천만_배_커졌으면 #마지막_진화는_건물주 #상상이_현실이_되는_그날까지 #회사_노예

오늘 뭐 입지?

'체크무늬 와이셔츠는 월요일 날, 하얀색 와이셔츠는 어제 입었고 검정 재킷은 화요일 날 입었던 거 같은데 아, 오늘은 뭐 입고 가지?'

매일 아침 고민되는 사무실 패션,
사도 사도 왜 매일 입을 게 없는 걸까?

#요일_팬티 #요일_넥타이 #요일_와이셔츠 #셔츠_7종_컬렉션 #잭필드가_필요해

불금에 제일 화끈한 것은

불금에
불타는 것은
불닭볶음면으로 때우는
내 위장뿐.

♡ 💬 ↗ ⋯

#욕정의_금요일 #뜨거운_가슴 #다음_날_아침_화장실에서_겪을_고통은_잠시_잊어_주세요

MON TUE WED THU FRI **SAT** SUN

타요 타요 주말 출근행 버스에 타요

토요일, 눈 내리는 날 버스를 타요.
펑펑 내리는 눈만큼이나 타요 타요 내 맘도 타요.

#이번에_내릴_역은_회사_앞 #회사_앞입니다 #퇴근_시간은 #없습니다

아픈 것도 서러운데

혼자 사는 사람에게 가장 슬픈 시간은
몸살감기에 걸려 골골거리면서 이불을 턱 밑까지 쓰고 있어도
나를 보듬어 줄 사람은 나밖에 없다는 걸 깨달을 때가 아닐까.

#독거남 #자취녀 #콜록콜록 #하필_아파도_일요일 #내일도_아플_거_같은_느낌
#팀장님_나_많이_아파 #내일_출근_못할_거_같아요

그것이 알고 싶다

어르신들… 등산 좋지요. 몸도 건강해지고 정신도 맑아지고.
그런데 말입니다.
왜 제일 바쁜 시간대나 급한 일이 있을 때만 앞에 나타나는 것일까요?
등산객들의 이 미묘한 외출 시간 사이클,
정말 그것이 알고 싶습니다.

#빵빵 #비켜_주세요 #배낭과_지팡이는_거들_뿐 #건강을_위해_등산을_하지만_내려올_때_만취는_왜죠?

달콤한 외근의 여유

번잡스럽던 월요일이 지난 화요일.
거래처와의 업무로 오후 외근을 나온 김비둘 씨는
운이 좋게 미팅 약속 시간이 조금 남아 커피숍에서
커피 한 잔을 마실 수 있는 여유를 가지게 되었다.

'아, 카페모카처럼 정말 달콤한 시간이야.'

#잠시_쉼표 #찰나의_여유 #외근이_주는_행복

MON　　TUE　　**WED**　　THU　　FRI　　SAT　　SUN

유행어도 배워야 하나요?

요즘 여고생들 대화는
외국어 듣기평가보다 어려워.

♡ ◯ ↗ ○○○

#심쿵 #안물 #안궁 #더럽 #낄낄빠빠 #제곧내 #세젤귀 #세젤예 #취존 #복세편살 #최애캐 #사바사
#핑프 #팬아저 #별다줄 #빼박캔트 #가싫남 #룸곡

하고 싶은 게 이렇게나 많아

가지고 싶은 것.
하고 싶은 것.
이렇게나 많은데 말이야.

#회사_집_회사_집 #할부_얼마나_남았더라 #쥐꼬리_월급 #모아도_그_돈이_그_돈

MON　　TUE　　WED　　THU　　**FRI**　　SAT　　SUN

한 번 덕후는 영원한 덕후

한정판이라고 해서 반차 내고 왔는데
학교 빼먹고 온 고등학생들만 바글바글.

'양복 입은 사람은 나밖에 없잖아?'
'이럴 거면 월차 내고 추리닝 바람으로 올 걸 그랬어!'

#덕질 #얼굴이_달아오르는_게_느껴진다 #쳐다보지_마세요 #폭발합니다
#그래도_3번째로_받을_수_있다 #야호

정글에서 살아남는 법:마트 편

먹이사슬의 하위에 있는 싱글 수컷은
시식 코너라는 미끼의 유혹을 뿌리치기가 쉽지만은 않다.

싱글 수컷보다 상위에 있는 시식 코너 아주머니에게 걸리면
어느새 양손에는 만두 1+1 행사 상품이 들려 있기 일쑤.

먹이사슬 상위 포식자의 눈에 띄는 순간
혼자 사는 수컷의 냉장고는 비어 있을 틈이 없다.

#총각_이것_좀_먹어_봐 #안_사도_돼 #근데_넌_사게_되어_있다 #결국_오늘도_만두_두_봉지
#혼자_사는데_산_음식들은_5인_가족용 #언제부터인가_냉장고_불빛이_보이지_않는다
#냉장고도_다이어트가_필요해

MON　　TUE　　WED　　THU　　FRI　　SAT　　SUN

분리수거의 날

혼자 사는 사람의 주말은 여유 있을 것 같지만, 생각보다 바쁘다.
한 주 동안 쌓이고 쌓인 스트레스만큼이나
방 한구석에는 쓰레기가 한 트럭 쌓여 있다.

오후 내내 분주하게 종이, 캔, 페트병을 분리하고
상하기 직전 냉장고의 반찬들을 정리해서 음식물 쓰레기통에 버린다.
주말에 먹은 닭 뼈와 과자 봉지, 컵라면 용기를 정리하다 보면
일요일의 해는 벌써 넘어가고 주말의 끝을 향해 달려가고 있다.

#누구를_위한_일요일인가 #분리수거의_끝은_주말의_끝 #생각도_분리수거할_수_있었으면_좋겠다

코끝으로 파고드는 냄새를 타고

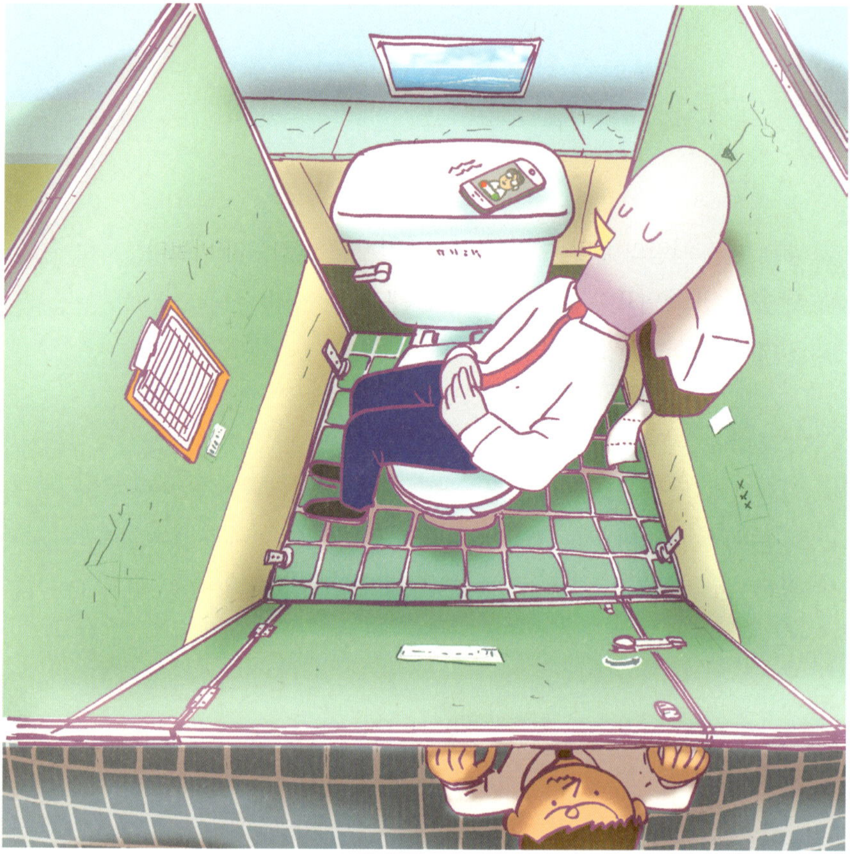

군대에 있을 때 화장실에서 초코파이 한 번씩 먹어 본 것처럼
직장인이라면 화장실에서 10분 꿀잠, 한 번씩은 있지 않아유?

#눈치 #10분만_있으려고_했는데_30분_앉아_있었음 #다들_나_찾고_난리 #밖에는_차장님
#변명 #비데가_마치_전기장판_같았어요 #저도_모르게_깊은_잠에_빠지고_말았습니다

만질 수 없는 것들

게임 속 머니나
스치듯 지나가는 내 통장의 월급이나
현실에서 만질 수 없는 것은 똑같구나.

#사이버_머니 #느낄_수는_있지만_잡히지_않는_그것

너와 나의 극적 타결

이번 달 카드요금, 극적으로 타결!

아, 좋은 한 달이었다.

#카드의_노예 #빅딜 #다음_달도_부탁해 #바톤·터치

레옹이 필요할 때(FEAT. 마틸다)

해도 해도 끝이 없네! 진짜.
해도 해도 너무한 거 아니야?
내가 왜 네 일까지 맡아서 해야 하냐고!

이럴 땐 박 부장을 암살할
한 손엔 우유 팩, 다른 한 손엔 화분을 들고 다니는 킬러를 고용하고 싶다.

#박명수_아이유 #스팅_Shape_of_my_heart #네_일은_네_거_내_일은_내_거 #각자_일은_알아서

#봄

끝나지 않을 것 같은 겨울이 지나고 드디어 봄이 왔어.
이런 봄날에는 스쿠터를 한 대 사서 여행하듯이 출근하고 싶어.

올해의 계획

새해 소망은

올해도 회사를 '무사히' 다니는 것.

'올해의 예상 스케줄 - 집 → 회사 → 회식 → 집 → 회사 → 야근'

#1월 #뫼비우스의_띠 #작년과_동일한_새해_목표 #다이어트 #금연 #영어공부 #퇴사

철창 없는 감옥, 그 이름 SNS

잡혔다, 요놈.

트위터 → 페이스북 → 인스타그램

'이제 더 이상 도망갈 곳도 없는데….'

#싫어요 #비공개 #혹은_탈퇴 #SNS_무인도 #사생활_침해 #혼자_있고_싶으니까_모두_로그아웃_해_주세요

종교의 힘은 위대하다

'하느님 아버지

제발 박 부장이 회사에 안 나오게 해 주세요. 제 소원은 그것밖에 없어요!'

… 꿈에서 하느님을 만나면 꼭 이렇게 말할 거야.

#성부와_성자와_성령의_이름으로 #다음_주는_절에_가야지 #도는_안_믿어요

나는 아무 생각이 없다.
왜냐하면 아무 생각이 없기 때문이다.

생각 없이 아무거나 쪼아 먹는 공원의 비둘기처럼
아무 생각 없이 편하게 월급이나 받아먹으면서 살았으면 좋겠다.

#나의_꿈은_월급루팡 #회사에_월급루팡_한_명씩은_꼭_있다

남자의 매력은
정수기 물통에서부터 시작된다

"정수기 물통 교환은 남자가 해야 하는 거 아니야?"

요즘 시대에 무슨 그런 성차별적 발언이야!

하지만 정수기 물통 교체 담당은 '암묵적으로' 사무실 막내인 '남자' 김비둘 씨. 그가 정수기 물통을 들고 나를 때면 사무실 여직원들은
탕비실 주변으로 모여들곤 한다.

'어머, 저 잔 근육 좀 봐.'
'야리야리한 줄 알았는데 꽤 힘쓰나 보네.'
'팔뚝에 핏줄 좀 봐!'

#더티_섹시 #그_남자의_숨겨진_매력.avi #그_남자의_숨겨진_근육.jpg #더우면_벗고_해도_돼

사랑은 돌아오는 거야

대학교 때 짝사랑했던 김비둘 선배, 업무 미팅에서 이렇게 만나다니! 우린 운명인 거 같아.

"선배도 그렇지 않아요?"

"응. 아니. 절대. 네버."

#연애의_감정 #엠티에서_네가_술_먹고_토한_거_내가_다_치웠다 #기억_안_나니 #어디_감히
#업무적으로만_이어갔으면_좋겠어 #우리_관계 #김미숙_씨의_첫사랑 #김비둘_리즈시절은_대학교_때

폭격의 달

5월은 통장에게 잔인한 달.
뭔 경조사가 그렇게 많은지.

김비둘 씨의 5월은 3건의 결혼식과 2건의 돌잔치 지출이 이미 예약되어 있다.
가정의 달을 가장하고 있는, 전쟁이 난 것처럼 통장이 너덜너덜해지는 달.
푸르른 오월.

#종합_소득세 #내_마음도_너덜너덜 #통장_구멍 #축의금_돌려받을_수_있을까

비행기는 업무를 싣고

'다 때려치우고 비행기 타고 여행이나 가고 싶다!'

 하루에 몇 번씩 생각하지만
생각의 끝은 언제나 책상 앞.
그러나 결국, 해외에 오게 되었다!

업무를 잔뜩 싸 들고….
아무렴 어떠하랴. 그래도 비행기를 타는 상상은 현실이 되었지 않냐.

#해외_출장 #가는_내내_심심할까봐_일거리도_챙겨_주신_고마운_박_부장님 #서류_뭉치_한가득

착각이 만드는 기분 좋은 행복

헉, 8시라니! 알람이 왜 안 울렸지? 완전 지각이잖아?
오늘은 또 뭐라고 변명하느냐 말이야.

아, 맞다. 오늘 토요일이잖아?!
그럼 다시 꿀잠이나 즐겨 볼까나?

#착각이_만든_달콤한_시간 #12시에_일어날_예정 #이런_착각은_맨날_하고_싶다
#주말엔_잠시_알람을_꺼_놓으세요 #알람도_쉬고_나도_쉬고

주중이라는 블랙홀

잠깐만,
아직 못한 게 이렇게나 많은데
아직 제대로 쉬지도 못 했는데

안 돼. 이대로 되돌아갈 수 없다고!

#웜홀 #주말은_마하의_속도로 #주말이_있었던가 #월화수목금_쉬고_토일만_일했으면_좋겠다

춘곤증을 물리치기엔 우리는 너무 나약하다

주말이 지나면 당연한 일인 것을.
밥을 먹으면 잠이 오는 것이 당연한 것을.

월요일에는 왜 더 절실하게 느껴질까?

#월요병 #춘곤증 #눈뜨고_잠들어요 #직장인에게_낮잠_시간을_달라 #커피는_거들_뿐

어서 오십쇼 후배님

후배 같은 후배 아닌
선배 같은 너.

그 이름, 사장 아들.

#금수저 #낙하산 #상전 #네_일은_내_몫 #사랑해요_후배님 #우쭈쭈 #어려운_일_있으면_말만_해
#형이_다_해_줄게

MON　　TUE　　WED　　THU　　FRI　　SAT　　SUN

어떤 줄이 탄탄한 줄이고
어느 줄이 썩은 줄인 걸까?

정치판 같은 회사 생활.

어느 라인을 타야 가늘고 길게 살 수 있을 것인가.
라인을 타느냐, 홀로 가느냐, 그것이 문제로다.

#사내정치 #붕당정치 #햄릿 #모두_사이좋게_지내면_안될까 #나는_내_갈_길_가련다

MON　TUE　WED　**THU**　FRI　SAT　SUN

세상에서 제일 저렴한 PC방

쿠쿠쿠쿵 쾅쾅쾅쾅 달칵달칵 드르르륵 드르륵

"어? 김비둘 씨 아직 안 갔어? 할 일 없으면 여기 컵라면 하나 갖다 줘."

여기가 PC방은 아니잖아. 퇴근 안 하고 뭐 하는 거야!

♡ 💬 ↗ ⋯

#물은_셀프입니다 #어쩐지_그래픽카드_좋은_거_찾더니 #박_부장_컴퓨터_사양은_PC방_뺨침

우리 모두의 아지트

신입사원의 때를 벗을 때쯤이면
직장 안에 '나만의 아지트'가 생기기 마련.

하지만 그것은 착각이다.
이 작고 인구밀도가 높은 공간에
'나만의'라는 단어를 붙일 수 있는 곳은 없다.

이곳은 5분의 차이로 박 부장과 정 대리와 같이 쓰고 있는
시간의 차원이 다른 교차 공간인 모두의 아지트이다.

#사무실_옥상 #모두의_교차_공간 #잠깐의_여유 #심란할_때_올라오면_마음이_편안해지는_거_같다

지하철이 보여 주는 현대의 초상화

현대의 운송 수단인 지하철은 사람들의 다양한 삶을 보여 주는 장소이다.
이른 오전이면 부족한 잠을 채우고자 머리를 기대고 잠을 자는 사람들을,
한가한 오후 시간이 되면 다양한 물건을 파는 사람들을,
그리고 재잘재잘 떠드는 어린 학생들과 주식 얘기를 나누는 아저씨를,
창밖을 바라보는 감상에 젖은 아가씨를,
책을 보는 대학생을.

그러나 요즘에는 모두 한 손에 작은 화면을 들고 단지 '보는 것'에만 열중할 뿐이다.
거대한 전파를 타고 세계와 소통하는 시대에 살고 있지만
가까운 거리의 소통은 부재 되고 관계의 외로움과 삭막함은 늘어만 간다.

스마트폰은 우리에게 새로움을 주고 거리를 없애며, 순간의 짜릿함을 선사하였지만
일상적인 작은 행복을 놓치게 하는 아쉬움을 남겨 주었다.

#스마트_사회 #외로운_도시 #잠시_스마트폰을_내려놓고_고개를_들어_보세요 #무엇이_보이나요?

#여름

이 계절을 싫어하는 사람들이
내놓는 대부분의 이유는

덥고 짜증 나는 날씨보다도
모기, 파리, 노린재 같은 해충들이
활발히 활동하기 때문이라는 것이다.

그런 해충 같은 사람들은
직장에도 한두 명씩 꼭 있다.

I··· I CAN'T SPEAK ENGLISH

영어 공부를 20년 해도,
토익 점수를 900점을 받아도,

지나가는 외국인이 날 보고 돌아서서 말이라도 걸라치면 도망가고 싶은 마음뿐.

"Ah, juki~ Gyeongbokgung…"

"네? 아… 저, 그… 그게 아이… 아이 캐… 캔트 스피크 잉글리시."

"아, 저기~ 경복궁 가려면 어떻게 가야 해요?"

아, 진짜 깜짝이야!

#한국말_잘_하시네요 #아직도_가슴이_두근두근 #문법은_자신_있는데 #스피킹이_안_돼 #스미마셍

나도 끼워 줘

"모히토 가서 몰디브 한잔 해야지?"
"깔깔깔깔깔 부장님도 참!"

이것 봐, 나 빼고 다들 무슨 이야기하는 거야?
번개 모임 한 번 빠졌다고 이렇게 소외감 느끼게 할 거야?

#너희_언제부터_그렇게_친했어 #안_온_사람은_가루가_되도록_까인다 #뒷담화의_시작

가운데 낀 사람도 괴롭습니다

숨소리도 시끄러운 정 대리와
숨소리를 듣는 것조차 예민한 김 주임.

한 명이 귀마개를 끼든지,
다른 한 명이 숨을 쉬지 말든지.

#헐크와_미어캣 #그만_좀_놀래라 #하필_중간에_껴서_눈칫밥 #난_그냥_가만히_있어야겠다

지각이지만 할 말은 많습니다

"주말에 등산을 갔는데요. 곰을 마주쳐서 도망치다가 절벽에 있는
폭포 아래로 뛰어내리게 되었습니다. 물살에 휩쓸리다가 겨우겨우
간신히 나뭇가지에 매달렸는데, 그만 나뭇가지가 부러져서….
결국, 그대로 서해까지 떠내려가게 되었고 어쩔 수 없이
이렇게 늦게 오게 되었습니다."

"좋아! 참신했어."

"다음에 또 지각하면 가만 안 둔다."

#오구오구_그랬쪄 #정성스런_개소리 #인기소설 #지각에도_스토리텔링이_필요해 #어쨌든_지각은_지각

게임에서, 직장에서 모두 필요한

게임이나 직장이나
제일 중요한 건 아이템발.

#연줄발 #직급발 #아부발 #그중에_최고는_사장아빠

MON　　TUE　　WED　　THU　　FRI　　SAT　　SUN

출동! 오피스 23호

만능 사무인의
바람직한 모습.

#직장인에게_프리랜서는_이런_느낌이지_않을까

MON　TUE　WED　THU　FRI　**SAT**　SUN

상상의 휴가

우리가 꿈꾸는 휴가.

#하와이 #뜨거운_모래사장 #시원한_파도_소리 #여기가_천국인가요 #조금_타도_좋아

MON　　TUE　　WED　　THU　　FRI　　SAT　　SUN

현실의 휴가

어쩌면 제일 현실적인 휴가.

#방콕 #가장_편안한_여름휴가 #소파와_한_몸 #이_상태로_치킨_시키면_여기가_천국인가요 #맥주는_거들_뿐

오늘은 널 낚고 말 거야

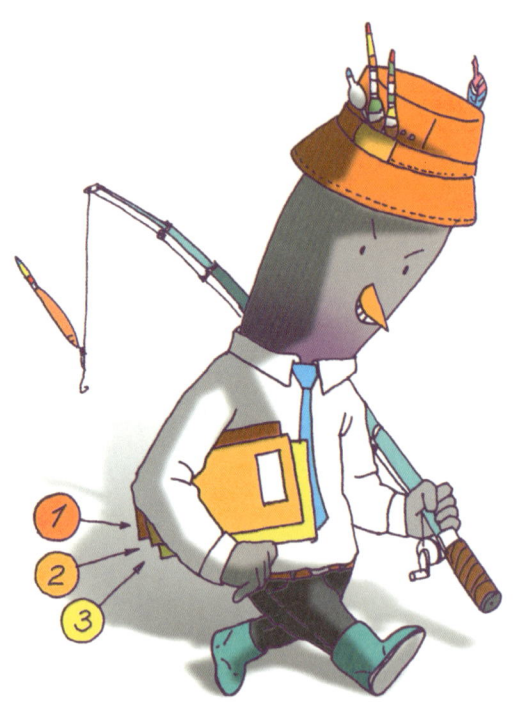

까인 기획안만 벌써 5개째.
이번에는 기필코 통과시키고 말겠다!

보고서는 2 + 1
그중에 미끼 두 개.

#미끼_보고서 #오늘은_부장_놈을_꼭_낚겠다 #이번엔_제발_통과되길 #수정은_이제_그만
#마음에_안_드는_점_두루뭉술_얘기하지_말고_그럴_거면_네가_고쳐

빠져나갈 땐 한꺼번에

마이너스 통장을 만드는
개노답 삼 형제.

월세, 카드값, 공과금.

#아기_돼지_새끼_삼_형제 #삼_형제는_언제나_함께 #이번_달도_허덕허덕 #공과금은_할부_안_되나요

8,000K/s에서 느껴지는 사무실의 향기

거리는 온통 낯선 것들로 가득 차 있는데
오전엔 호텔, 오후엔 사무실.
해외 출장 와 봤자 서울에 있는 거랑 다른 게 뭐야?

미팅 온 업체의 사무실 창문에서 본 풍경도
그저 도시 경치의 액자 같아 보여서
아무런 감흥이 느껴지지 않는다.

아무리 출장이라도 너무 빡세게 굴리는 거 아니야?
외국 공기라도 깊게 들이마실 수 있는 여유 좀 줘.

#해외_출장의_진정한_업무는_일과가_끝난_후_박_부장과의_일대일_회식
#소처럼_일하다가_내일_다시_서울로_돌아갑니다 #면세점_쇼핑할_시간은_주겠지

누구보다 빠르게 컴퓨터 종료 버튼 클릭

오늘만큼은
업무는 칼과 같이, 퇴근은 총알처럼.

#Alt+F4 #동호회_모임_예정 #박_부장의_탐탁지_않은_눈빛 #모르는_체 #직장인의_바른_자세
#오늘_남은_일은_내일 #내일의_나에게_토스

콘서트장의 열기를 느낄 수 있는 그곳

누구의 콘서트인가?
누가 신나는 것인가?
누구를 위한 회식인가?

#잘_들어 #Listen #그냥_내_음악을_네_귀에_때려_박아 #박_부장의_바이브레이션 #양이_웁니다
#마이크는_두_개인데_내_손에는_탬버린뿐

어른이 된 것 같은 기분이 들 때

스케이트보드는 한 가지 기술을 습득하기 위해서
몇십, 몇백 번의 같은 동작을 연습해야 한다.
이렇게 많은 연습을 한 후, 결국 그 기술을 성공하게 되면
여기서 오는 성취감과 희열은 말할 수 없이 크다.

업무도 스케이트보드의 기술과 같이 매번 같은 일을 반복하는 데
왜 희열이나 성취감은 스케이트보드를 탈 때 오는 정도의 반의반도 안 될까?

그냥 돈을 벌기 위한 일이기 때문일까?
아니면 좋아하는 일이 아니기 때문일까?
언제부터인가 정말 내가 좋아하는 일이 무엇인지 알 수 없게 되어 버린 것 같다.
신나는 일이, 즐거운 일이, 나를 행복하게 하는 일이 어떤 것인지.

스트레스를 받는 날이면
스케이트보드를 타며 수백 번의 똑같은 동작을 반복하는,
그리고 결국 그 기술을 성공해서 웃는 내 모습의 꿈을 꾸게 된다.

#누구나_꾸지_못하는_꿈 #하고_싶은_것이_뭘까 #잘하고_있는_것일까
#진짜_꿈을_찾기에는_너무_늦은_게_아닐까 #나이에_너무_주름이_진_게_아닐까

누군가와 얘기하고 싶을 때

문득 누군가와 같이 있고 싶을 때
누군가에게 내 얘기를 털어놓고 싶을 때
어쩌면 사람보다 말이 통하지 않는 짐승이
내 마음을 위로해 줄 것만 같을 때

난 얘기할 테니 넌 짖기만 해.

#동물_친구들 #능력치_상승 #외로운_도시 #개소리도_위로가_돼 #겉으로만_나누는_대화_이젠_지친다
#사람이_필요해 #사랑이_필요해 #관심이_필요해

MON TUE WED THU FRI SAT SUN

승부욕은 욕을 부른다

월요일 오후, '맥주 한잔 내기 한판'이라는 타이틀로 시작된 탁구 게임이 열렸다!

그것도 내기라고 지기 싫어서
타이거 필살기까지 쓰고 있는 악랄한 박 부장 놈.
남자들의 자존심은 의외로 작은 곳에 숨어 있는데
보통 남자들은 그것을 승부욕이라는 멋진 단어로 포장하곤 한다.

'어제 자기 일을 대신 처리해 준 사랑스러운 후배에게
이런 식으로 은혜를 갚냐? 박 부장 놈아!'

하지만 박 부장의 진짜 악랄함은
박 부장이 이기든 김비둘 씨가 이기든
이번 금요일에 회식 예약이라는 것이다.
함정카드 발동!!

#비열한_승자의_미소 #일을_그렇게_열심히_하지 #업무_시간에는_다_죽어_가더니_이럴_때만_팔팔
#어쨌든_금요일_저당_잡힘 #불금에_회식_예정

한 송이의 키덜트로 남고 싶지만

기타, 탁구, 볼링, 프라모델 만들기 등의
다양한 취미 활동을 즐기고 있는 김비둘 씨.
그중 제일 좋아하는 것은 바로 '프라모델' 만들기이다.

그동안 작고 저렴한 것만 온라인에서 구매하다가
오늘은 직접 (두근거리는 마음으로) 오프라인 키덜트 숍에 들렀다.

'종류, 디자인도 엄청 다양하다! 여기서 사면 집에 가서 바로 만들 수도 있어!'

얼마나 시간이 흘렀을까.
드디어 마음에 드는 프라모델을 손에 쥐고 가격을 보는데!

'헉, 왜 이렇게 비싸???'

'아니, 고작 장난감일 뿐인데, 가격은 왜 성인물이야?'

#키덜트 #오덕후 #십덕후 #정서적_안정 #그러나 #취미_생활도_돈_없으면_못해 #가격이_스트레스

#가을

시원한 가을바람이 느껴질 때쯤이면,
야외에서 근무하고 싶다는 생각이 든다.

답답한 사무실이 아닌
탁 트인 한강 공원 언저리에 앉아 일하면
업무 능력이 향상될 것 같단 말이지.

가을은 은행의 계절

아!
가을 냄새.

#가을이면_누구나_한_번쯤_밟아_본_그것 #지뢰밭 #은행 #똥 #냄새 #밟으면_처참

좋아하는 것에는 끝이 있기 마련이다

무릎에 구멍 난 잠옷 바지와
이제는 영영 안녕.

물건이든 사람이든, 좋아하는 것에는
그 끝이 있기 마련이다.

#존경하는_선배의_퇴사 #치킨집_번창하세요

삼디다스와 모나미

많은 사람들의 실내화로 애용되고 있는 아디다스 슬리퍼, 일명 삼디다스와 모나미 153 볼펜은 중·고등학교 때는 물론 직장인 사무용품 품목 1위를 차지하고 있을 정도로 자주 사용되고 있다.

흑과 백의 단순하지만 깔끔한 배색의 이 친구들은 싸구려 볼펜이라는 인식과 '진짜 아디다스 브랜드를 신어도' 시장에서 3천 원에 산 짝퉁이라고 여겨지지만 우리 정서에서 차지하는 디자인적 위치는 상당하다.

이 친구들의 가장 매력적인 것은 기본basic과 기초base가 탄탄하다는 것!

그것들을 쓰다가 이따금 바라볼 때면 배울 점이 많다는 게 새삼 놀랍기도 하다.

#흑과_백의_조화 #직장인의_필수품 #손에는_모나미_발에는_삼디다스 #직장인으로_변신_완료

MON　　TUE　　WED　　THU　　FRI　　**SAT**　　SUN

중년 남성의 체력은 주말 근무를 만든다

"부장님 체력은 아직도 20대 같아요!"
"으하하 그래? 근데 자네는 뭘 그렇게 힘들어해? 조금밖에 안 올라왔는데. 다음 주에도 나랑 같이 등산하면서 체력 좀 기르는 게 좋겠어."

응??? 이러려고 아부 떤 게 아니었는데!

#토요업무 #고정_멤버_당첨 #박_부장과_같은_동호회 #쓸데없이_입방정은_왜_떨어서 #이놈의_주둥이 #등산에_대한_그_열정_업무에_양보하세요

MON　TUE　WED　THU　FRI　SAT　**SUN**

주말은 역시나

주말은 역시
숙취로 못 일어나야
주말이지.

#눈을_뜨면_월요일인_마법 #알찬_주말을_보냈다는_증거 #나이_먹으면_먹을수록_해독이_느려
#헛개수여 #여명808이여 #날_소생시켜_줘

일촉즉발! 지각은 착각을 부르고

월요일부터 일촉즉발의 지각 상황.
택시~~~~이~~~~!!!
"도착지 삼성동이요!"
"앗! 깜짝이야. 아저씨 이거 택시 아니에요!"

헉, 색만 보고 택시인 줄 알았잖아!

#러시아워 #택시_탑승_실패 #이번_달만_같은_실수_두_번째 #부끄러움은_우리_몫

MON　TUE　WED　THU　FRI　SAT　SUN

퇴근을 기다리는 우리들의 자세

하루 중 시간이 가장 안 가는 때는
점심시간이 지난 후부터.

#오전에_이미_연예_기사_다_봤음 #잠깐_졸다가_일어나도_2시
#사실_제일_시간이_안_가는_때는_출근_직후부터_퇴근_전까지

적절한 때를 알기란 쉬운 게 아니다

여름이 오기를 기다리며 잠시 창고에서 쉬고 있는 선풍기처럼,
쉴 때와 쉬지 않을 때
혹은 움직여야 할 때와 움직이지 않아야 할 때

그 적절한 타이밍을 누군가가 알려 준다면 얼마나 좋을까?

#선풍기와_함께_퇴사_고민 #계절은_돌고_돌고 #한_계절을_함께_보낸_선풍기도_창고로_돌아가고
#나만_제자리걸음_하는_것_같다

잘못한 이유라도 알려 줘

아, 이제는 뭘 잘못했는지도 모르겠다.

#도대체_이유가_뭐야 #EU #그것이_알고_싶다 #저놈의_성질 #이유라도_알고_혼나면_덜_억울할_것_같다

편의점의 일인자

편의점의 왕이 오셨다.
쥐꼬리만 한 월급으로 명품은 꿈도 꿀 수 없지만
편의점에서만큼은 그보다 더한 사치를 부릴 수 있다고!

"여봐라, 알바야. 요즘 핫한 잇 아이템이 무엇이더냐?"
"에헴! 꿀 바른 과자는 유행이 지나지 않았더냐!"

#작은_사치 #대세_품목들은_편의점에서부터 #아침_편의점의_인구밀도는_지하철_출근길과_흡사

MON　　　TUE　　　WED　　　THU　　　FRI　　　**SAT**　　　SUN

항상 배고픈 그대여

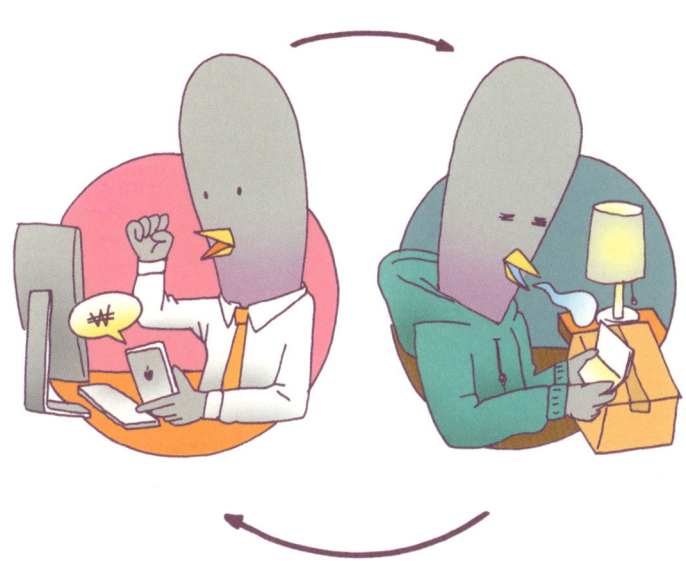

오, 드디어 월급날!
어휴, 다 빼가라 다 빼가.

이러니 통장이 배부른 날이 없지.

♡ ◯ ↗ ･･･

#사이버_머니 #쓴_기억은_없는데_지출만_한가득 #벌어도_모이지_않는_이유 #이것_때문에_못_그만둬

자취남의 삼시세끼

간단히 만들 수 있고
한 그릇으로 먹을 수 있어 설거지가 많이 생기지 않는
아침, 점심, 저녁 내내 먹어도 질리지 않는 그 메뉴.

오늘의 세끼는 카레 세끼! 너로 정했다.

#자매품_짜장 #엄마가_해_준_밥_먹을_때가_편했지 #혼자_밥_먹는_거_너무_외롭다

나를 살찌게 하는 것

느는 건 몸무게.
늘지 않는 건 내 월급.

#뱃살은_인품과_비례 #는_헛소리 #나잇살 #빵살 #커피살 #간식살 #스트레스살 #운동해도_안_빠져요

미팅은 미팅인데

회사 근처 카페로 미팅을 나온 김비둘 씨.
회사 근처 카페로 미팅을 나온 박 부장.

박 부장 피해서 외근 나온 건데.
이러면 회사랑 뭐가 다른 건데? 응?

#다른_공간_같은_우리 #분명_밖에_나왔는데_사무실의_향기가_느껴진다 #스토커 #벗어날_수_없는_그의_매력

MON　　TUE　　**WED**🍺　　THU　　FRI　　SAT　　SUN

아침부터 샤워 2번

아, 오늘이 수水요일이구나….

#샤워기_레버_돌린_놈_나와 #처음부터_다시_출근_준비 #오늘의_지각_사유는_뭐라고_해야_할까

벗어날 수 없는 박 부장의 늪

"김비둘 씨, 오늘 칼퇴 하나 봐?"
"아, 아니요. 야근해야 할 거 같아서 앞에 있는 편의점 좀 다녀오려고요."

하, 진짜! 눈치는 빨라 가지고.

#네_라고_대답하고_싶었다 #하지만_아니요_라고_대답했다 #눈치_백단 #쓸데없이_좋은_촉

피로는 우르르

어제의 피로.
오늘의 피로.
내일의 피로.

피로는 푸는 것이 아니고 쌓는 거라고요?

#피로는_간_때문이야 #다크서클이_무릎을_친다 #피로_곰_무료_분양합니다
#3일_연속_야근_시_한_마리씩_드려요

추석 연휴의 추억

태어나서 줄곧 시골에서 살던 김비둘 씨의 명절은 항상 이런 표정이었다.
시내버스를 타면 갈 수 있는 거리에 선산이 있어서 성묘를 하고
거기서 세 정거장이면 갈 수 있는 큰댁에 차례를 드리고 집으로 오면
오전 10시가 채 안 되는 시간이라 다시 이불 속으로 풍당 들어가 있곤 했었다.
이런 무료하지만 한가한 연휴는 항상 나에게 당연한 것이었다.

대학에 입학한 후부터 사람도 많고 건물도 많은
복잡한 서울 생활을 시작하게 되면서
항상 긴장감을 늦추지 않아야 하는 직장 생활 하면서,
그렇게 당연하게 여겼던 고향의 명절날이 너무나 그립다.

들어가는 입구부터 전 냄새가 나는 대문을 열면
"왔냐. 오느라 고생했어! 어서 들어와. 부침개 바로 지졌으니까 맛있을 거야."라고
나를 반기는 엄마의 목소리가 너무나도 듣고 싶어지는 추석.

드디어 기다리던 그날이 왔다.

#더도_말고_덜도_말고_한가위만_같아라 #풍성한_마음 #덩달아_풍성해지는_몸
#빠르게_변하는_시대 #포근하고_한결같은_고향 #항상_그대로_남아_있었으면_좋겠다

#겨울

겨울이라고 해서 집에만 있으면 안 돼.
이럴 때일수록 더욱 열심히 움직여야 추운 겨울을 이겨 낼 수 있어.

근데 말이야. 이번 겨울은 언제 끝나는 걸까?
끝나긴 하는 걸까?

MON   TUE   WED   THU   FRI   SAT   SUN

겨울휴가는 왜 없을까?

겨울이 시작되면서부터
여름휴가 생각.

#스노보드 #눈싸움 #스키 #생각만_해도_시원 #Do_you_want_to_build_a_snowman?
#추운_게_싫다면_따뜻한_남쪽_나라로_떠나_보아요

MON TUE WED THU FRI SAT SUN

CTRL+C, CTRL+V

몸이 열 개라도 모자란 날.
그 이름 월요일.

#오자마자_아웃룩_확인 #금요일에_던진_일 #다시_내_손에 #금요일에_나에게_얘기하고_싶다
#그만_좀_놀아라 #월요일이_힘들다

눈처럼 하얗게

하얗게 불태웠어.

♡ 💬 ↗ ⋯

#마라톤_회의 #회의실만_들어갔다_나오면_어둑어둑
#앉아만_있다가_나왔는데_하루_업무를_다_끝낸_것_같은_노동량

도를 아십니까

출근길에도, 퇴근길에도 매번 만나는 그들.

"얼굴에 복이 참 많아 보이시네요. 잠깐이면 되는데, 저희랑 얘기 좀 나눠요."

따라가면 뭐 나올지 매번 궁금하다.

#도를_아십니까 #인상이_선하시네요 #어제도_만난_그_사람 #오늘_또_말을_건다 #만만하게_생겼나

지하철 패딩 부대

아침 출근길에 만난 히말라야 원정대.
울퉁불퉁한 패딩을 양어깨에 대고 있으면
만원 출근길도 아닌데 갑갑한 느낌이야.

#중고딩 #등골브레이커 #어깨_깡패 #지하철_의자 #그들의_어깨가_차지하는_좌석은_2인석 #숨_막혀요

MON　　TUE　　WED　　THU　　FRI　　SAT　　SUN

도시를 질주하는 드림워커

다들 꿈을 가지라고 하지만
꿈은커녕 제대로 꿈꾸기도 힘든 요즘.

#꿈꾸는_자들의_도시 #불면증 #뜬눈으로_지새우는_밤 #잠이라도_푹_잤으면_좋겠다
#원래_꿈은_기타리스트 #지금_꿈은_9급_공무원 #꿈을_현실에_맞출_수밖에_없는_세상

음식도 스펙이 중요해

 중국요리를 시켜도

 김치찌개 백반을 시켜도

 돈가스 정식을 시켜도

매번 배달 오는 아저씨는 똑같다.

알고 보니 같은 식당에 번호만 3개.
가게나 사람이나 스펙이 많지 않으면 먹고 살기 힘들구나.

#스펙 #토익 #토익스피킹 #OPIc #SSAT #사무자동화 #컴퓨터활용능력 #정보처리 #전산회계 #한국사 #ITQ #GTQ #UTQ #컴퓨터그래픽스 #컬러리스트 #워드프로세서 #한국어능력시험 #바리스타 #지게차자격증 #네일아트 #제과제빵 #다_따면_취업할_수_있을까

MON　　TUE　　WED　　THU　　FRI　　SAT　　SUN

깨어 있어도 잠을 자도

현실에서도 업무 중.
꿈에서도 업무 중.

일에 치이다 보면 현실과 꿈의 경계가 불분명.

♡ 💬 ↗ ...

#해도_해도_끝이_없는_일 #일이_너무_많으면_큰일이_된다지요 #어제도_일하는_꿈_꿨어
#잠을_자도_피곤해

사직서를 내는 세 가지 방법

1. 140km 스트라이크!
2. 비행기에 실어 초고속으로.
3. 박 부장, 그의 심장으로 슛 슛 슛.

#다른_방법이_있으면_배워_봅시다 #사직서를_스트라이크로_던지는_법 #마음먹은_것만_2년째
#기필코_오늘은_꼭 #하루에_다짐만_수십_번 #언젠간_던지고_말거야

외로움의 순환고리

끝과 시작을 반복하는 순환고리,
그 이름은 연애.

해도 안 해도, 안 해도 해도
어려운 그 단어, 연애.

#연애의_법칙 #연애는_해도_시간_낭비_안_해도_시간_낭비 #시작하기도_쉽지_않지만_끝내기도_쉽지_않아
#연애의_끝은_결혼 #결혼은_또_다른_시작

더 큰 성장을 하기 위한 최선의 결론

계절은 사람을 성장시키고
그 성장은 큰 변화를 가져온다.

난 오늘 드디어 수십 번 마음먹었던 그 일을
드디어 실현하려고 한다.
그것은 아마, 계절이 나를 성장시켰던 것보다
더 많은 성장과 변화를 일으킬지도 모른다.

2년 차 회사원 김비둘, 그럼 잠시 쉼표를 찍으러 가 볼까.

#최선의_선택 #사표 #그동안_감사했습니다 #미운_정_고운_정 #시원섭섭

재취업의 길은 멀고도 험한 것

"저는 미국에서 살다가 하버드를 졸업하고 한국에 온 지 3년 정도 되었습니다. 영어는 물론 중국어, 일본어도 능숙하게 사용할 수 있습니다. 대학생 때에는 친구들과 함께 기업에서 주최한 프로젝트에 참가하여 대상을 받은 적이 있습니다. 그리고….″

'딱 봐도 슈퍼맨 같은 사람이 왔어. 오늘 면접도 이대로 끝이구나.'

스펙이 중요한 건 알겠지만 20분의 시간 동안 인생의 모든 스펙을 평가할 수는 없잖아? 삼십 년의 세월을 코팅된 자격증 몇 개와 종이 몇 장으로 결정하는 것은 너무해.

#자소서_50개 #면접은_20번째 #스펙_좋은_사람들이_넘쳐나는_세상 #재취업하기_진짜_힘들다
#도시의_비둘기는_웁니다

3번째 나 홀로 크리스마스

이번 크리스마스도 혼자인 김비둘 씨.
올해는 특별하게 '나에게 주는 선물'이라는 타이틀을 붙인
작지만 화려한 크리스마스트리를 장만했다.
반짝이는 트리 불빛이 왜 이렇게 외로워 보일까.
도시 생활은 원래 이렇게 외로운 걸까?
외로움은 왜 면역이 되지 않는 걸까?

#수고했어_올해도 #예수님_탄신일인데_왜_너네들이_더_신났니 #오늘_같은_날은_밖에_나가면_위험해

안 올 것 같았던 봄도 때가 되면 온다

이렇게나 추운데 벌써 봄 코트를 입고 다닌단 말이야?
난 털 파카에 가죽 장갑까지 끼고 나왔는데 말이야!
그러고 보니 바람이 예전처럼 그렇게 차갑지는 않은 거 같아.
내일부터 나도 얇은 점퍼를 입고 나와 볼까?

아, 맞다. 오늘 저번 주에 면접 본 회사 합격자 발표날이지?
면접 분위기도 좋았고, 그 정도면 대답도 잘 한 거 같은데….
요번엔 합격했을까?

#영원히_지속될_것만_같았던_겨울이_끝나고_봄이_왔다 #여러분_영원한_건_없어요 #때가_되면_겨울은_가고_봄이_옵니다 #세상에_모든_김비둘_씨_당신을_응원합니다

도시에서 비둘기로 산다는 것

도시에서 살던 비둘기는
지방이라고 해서 독수리가 되는 것은 아니다.
장소가 바뀐다고 해서 내가 다른 사람일 수는 없다.
우리는 각자의 그릇의 크기가 정해져 있고
평범한 도시에 사는 소시민일 뿐이다.

도시에서 비둘기로 산다는 것

1판 1쇄 발행 2016년 5월 5일

글·그림 | 임필영
발 행 인 | 김길수
발 행 처 | (주)영진닷컴
주   소 | (우)08591 서울특별시 금천구 가산디지털1로 24
　　　　　　대륭 13차 10층 (주)영진닷컴

등   록 | 2007. 4. 27. 제16-4189호

ⓒ 2016. (주)영진닷컴
I S B N | 978-89-314-5307-2

이 책에 실린 내용의 무단 전재 및 무단 복제를 금합니다.

http://www.youngjin.com